Pour l'Arbitrage

Discours rectoral adresse aux Étudiants de l'Université écossaise de Saint-André

PAR

M. ANDREW CARNEGIE

Traduction française par M. Albert Métin

PRÉFACE DE M. D'ESTOURNELLES DE CONSTANT

3ᵐᵉ ÉDITION

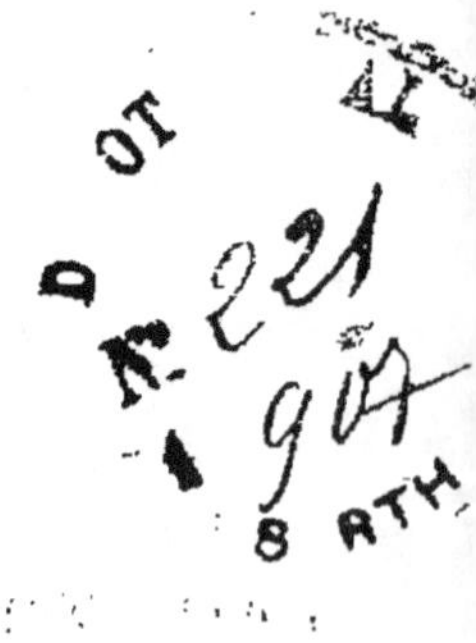

PARIS

LIBRAIRIE CH. DELAGRAVE.

15, RUE SOUFFLOT, 15

CONCILIATION INTERNATIONAL

EXTRAIT DES STATUTS

L'Association, dite *Conciliation Internationale*, a [
objet de développer la prospérité nationale à la fa'
des bonnes relations internationales, et d'organiser
bonnes relations sur une base permanente et durable

Elle a son siège :

à Paris, 119, rue de la Tour, (xvie arrondisseme
à Berlin, 40, Ahornallee Westend ;
à New-York, 542, Fifth Avenue ;
à Berne, à Bruxelles, à Tokio, à Vienne, à Rc
à Kristiania, à Londres, à Buenos-Ayres, à Rio-Jan<
à La Haye (en formation).

Les principaux moyens d'action par lesquels ell'
propose de réaliser son œuvre sont les suivan
Education de l'opinion. Développement de l'arbitr
Rectification des informations tendancieuses. R<
Internationale. Publications, conférences, congrès, a
tions, expositions. Diffusion des langues étrang<
Echange de visites internationales entre Parlem<
commerçants, étudiants, associations scientifiq
artistiques, ouvrières, professionnelles. Missions et e>
ditions scientifiques. Fondation de prix et de bourse
voyage. Echange international d'enfants, d'élèves,
professeurs, d'ouvriers. Création, en dehors de
esprit de parti, d'une *Maison des Etrangers*, centre
relations entre les personnalités d'élite du monde en

S'adresser pour tous renseignements, adhésions, '
en France, *119, rue de la Tour, Paris*, xvie. — 1
phone 690-92 et 672.88. Télégrammes Concilia P

ANDREW CARNEGIE

Pour l'Arbitrage

Discours rectoral adressé aux étudiants

DE

L'UNIVERSITÉ ÉCOSSAISE DE SAINT-ANDRÉ

PAR

M. ANDREW CARNEGIE

Traduction française par M. ALBERT MÉTIN

PRÉFACE DE M. D'ESTOURNELLES DE CONSTANT

3e Edition

PARIS

LIBRAIRIE CH. DELAGRAVE

15, RUE SOUFFLOT, 15

PRÉFACE

J'ai pris l'initiative d'organiser la publication de cet excellent discours dans toutes les langues civilisées ; voici pour quels motifs :

1º Par sympathie pour mon ami Andrew Carnegie et par reconnaissance pour ce qu'il a fait. Plus riche et plus puissant que bien des rois, il reste ce qu'il a toujours été, un travailleur ; sa fortune n'est pour lui qu'un nouvel instrument de travail, une machine colossale qu'il emploie à aider les générations qui le suivent dans l'éternel combat contre l'égoïsme et l'ignorance. Par mille moyens qu'il développe ou qu'il imagine, il répand les leçons, les exemples ; il ne se contente pas d'écrire des livres ou de prononcer des discours, véritables manuels pratiques et guides de la vie, il ouvre au peuple des instituts, des bibliothèques, des universités, des jardins et des parcs, il glorifie le courage civil et discrédite la violence, il brave le ridicule, il donne à la Cour de la Haye le Palais que le scepticisme et la parcimonie des Gouvernements lui refusaient ; ces Gouvernements assez riches pour consacrer chaque année des milliards à l'accroissement des dépenses de guerre, trop pauvres pour attribuer quelques milliers de francs à la sauvegarde de la paix.

2° Le discours d'Andrew Carnegie est un plaidoyer assez impressionnant pour mériter d'être propagé, quel que soit son auteur ; il abonde en arguments décisifs et ses citations des grands penseurs de tous les temps constituent le plus significatif des concerts, l'anthologie la plus précieuse à l'heure actuelle où les marchands de canons de tous les pays invoquent plaisamment les uns contre les autres un même Dieu des Batailles et prétendent substituer au sentiment moral et à l'instinct de conservation de l'Humanité leurs divers patriotismes concurrents.

3° Ce livre est à mes yeux autre chose qu'une bonne action et une œuvre utile ; j'y vois un symptôme remarquable.

L'éloge de la paix n'était jusqu'à présent qu'un chant platonique, le rêve d'un Kant, d'un Michelet, d'un Victor Hugo, des philosophes et des poètes ; ou bien c'était le cri de lassitude d'un despote abattu, ou encore la protestation dérisoire d'un despote en expectative. Napoléon Ier dictait à Sainte-Hélène les grandes lignes d'une fédération européenne et Napoléon III avant de consacrer son règne à des guerres ininterrompues, s'écriait : « l'Empire c'est la paix ». Le scepticisme universel triomphait de ces rêves et de ces mensonges ; la guerre restait une institution consacrée. Un abîme ainsi se creusait entre les classes dirigeantes aveuglées et la foule impatiente, prête à la révolte.

Mais voici que des hommes d'expérience, des hommes pratiques, des hommes d'affaires comprennent le danger et se mettent à combler l'abîme.

Ils joignent leurs cris d'alarme aux appels des philosophes. Dans l'intérêt du progrès, dans l'intérêt de l'ordre, ils protestent contre la folie du militarisme. Ils montrent, non pas la gloire, mais la honte, non pas la sécurité, mais la ruine et l'anarchie, la guerre universelle résultant de la paix armée. Et quand ces hommes deviennent nombreux, surgissent de tous les points du globe, on a beau commencer par rire ou par feindre de s'indigner, on finit par ouvrir l'oreille et prendre garde à ce qu'ils disent ; on ne parvient pas à discréditer leur opinion dans les milieux qu'ils ont pénétrés et où leur succès l'a par avance signalée à la considération. Et quand ces hommes appartiennent à des pays divers, s'entendent sans le savoir, sans s'être concertés, pour proclamer, au prix de leur repos, les mêmes vérités, comment les Gouvernements réfractaires ne seraient-ils pas confondus et comment les peuples ne seraient-ils pas ravis d'une telle révélation, si simple, si naturelle, faite par des hommes d'action qui défendent leur œuvre, la civilisation qu'ils ont servie contre la guerre, contre l'éternelle ennemie du travail, l'ennemie de tous les pays ?

Un autre avantage apparaît dans cette publication. On n'accusera pas le patriotisme d'Andrew Carnegie. Comme tout bon Américain d'origine européenne, il a deux patriotismes plutôt qu'un : le patriotisme de son pays d'origine, l'Ecosse, celui de son pays d'adoption, les Etats-Unis.

En ma qualité de Français, je pourrais trouver qu'Andrew Carnegie ne fait pas la part de la France et de la Révolution française dans son histoire des progrès de la justice internationale, mais il me plaît de constater cet excès de son attachement « aux deux branches » de la grande race dont il se réclame ; comme il me plaît de relever la virile fierté avec laquelle, tout en flétrissant la guerre, il considère le dévouement héroïque à la défense du sol et des libertés nationales comme la conséquence du progrès de l'éducation pacifique. De même qu'il respecte le sentiment religieux, il aime sa patrie, ses deux patries, mais plus il les aime, plus il est exigeant pour elles ; il est impitoyable pour les abus, pour les mensonges qui peuvent leur nuire ; impitoyable pour le cléricalisme aussi bien que pour le militarisme, ces frères jumeaux.

Il ne se fait pas non plus d'illusions ; il sait quels sont les défenseurs de ces deux fléaux, quelles puissantes coteries en tirent leur subsistance et leur raison d'être dans tous les pays et il n'attend pas que la paix fasse son chemin rapidement et par la force ; il ne compte qu'avec la raison, la conscience, la patience ; mais il enregistre aussi tous les progrès conquis sur le mal depuis peu d'années ; il énumère les traités d'arbitrage conclus, les guerres évitées, les mœurs barbares abolies ou atténuées.

Il sait que rien ne s'improvise, que les réformes les plus profondes sont les plus difficiles à faire accepter, mais il voit de tous les côtés la science apporter à son tour ses meilleures forces à l'œuvre de paix ; les hommes d'Etat eux-mêmes venir à la suite des savants et, à leur tête, le président des Etats-Unis prendre l'initiative d'un mouvement sincère et décisif de conversion gouvernementale, proposant lui-même aux autres chefs d'Etats d'effectuer volontairement, sans attendre que les peuples se décident à l'exiger, la grande réforme d'une organisation, un commencement d'organisation de la Paix.

Ainsi les conclusions de ce travail sont optimistes. Andrew Carnegie démontre la nécessité morale, économique, politique, sociale, d'une organisation pacifique, mais en même temps il en entrevoit la réalisation chaque jour plus certaine, plus prochaine, et il ne se contente pas de l'entrevoir, il y travaille. Chacun de nous doit l'y aider.

D'ESTOURNELLES DE CONSTANT.

POUR L'ARBITRAGE

Monsieur le Principal,

Etudiants de Saint-André,

Mes premiers mots doivent être des paroles de remerciements, de remerciements et de reconnaissance pour ceux qui m'ont réélu si aimablement leur Recteur à l'unanimité. J'apprécie profondément cet honneur, je vous assure. Il y a, tout au moins, dans votre choix un point au sujet duquel je ne crains pas de vous féliciter ainsi que l'Université, c'est le renouvellement du mandat de mon savant et zélé assesseur, le Dr Ross de Dumferline, dont les services, je le sais, sont hautement estimés.

Mes jeunes électeurs, vous vous préparez activement à jouer votre rôle dans le drame de la vie, résolus, j'en suis certain, à vous opposer au mal et à le combattre, à défendre et à assurer ce qui est bon et, s'il est possible, à laisser votre pays un peu meilleur que vous l'avez trouvé.

Vous méditez déjà sur la carrière que vous voulez prendre, sur les problèmes que vous voulez étudier ; vous vous demandez sur quelle matière et comment vos capacités s'exerceront avec le plus de profit. Laissons de côté le choix d'une carrière ; vous vous êtes déjà demandé j'en suis sûr, de quel côté est le mal dans cette vie où sont tous vos devoirs, et vous tenterez de toutes vos forces d'extirper ou au moins d'atténuer le mal ; vous vous êtes demandé quelle cause vous épouserez et vous avez donné à ces problèmes la préférence sur toutes les autres questions publiques, car on s'attend à ce que l'étudiant de Saint-André donne à la fois son temps et son travail à ses devoirs de citoyen, quelle que soit sa profession.

Vous trouverez le monde beaucoup meilleur que vos aïeux l'ont trouvé. On éprouve une grande satisfaction à constater que tout devient meilleur. Mais il y a encore un mal dans notre temps et il y dépasse de si loin tous les autres dans son étendue et dans ses effets que je me permets de le signaler à votre attention.

La polygamie et l'esclavage ont été abolis par les nations civilisées. Le duel n'existe plus partout où l'anglais est parlé. Le droit de guerre privée et de course est mort. On a aboli bien d'autres maux pour le bien de l'humanité, mais il reste la plus abominable de toutes les taches qui ont jamais souillé la terre, le massacre d'hommes civilisés par d'autres hommes, procédé de bêtes sauvages admis comme moyen de régler les disputes internationales, bien que Rousseau ait appelé la guerre le plus abominable ennemi que la bouche de l'enfer ait jamais vomi. En cette qualité, ce mal fut, dès les temps les plus anciens et dans la succession des siècles, condamné avec la dernière énergie par les plus saints, les plus sages et les meilleurs des hommes.

Homère, vers 850 av. J.-C., nous dit qu'il ne convient nullement à un homme souillé de sang de prier les dieux : « Il rompt à la fois les liens de la religion, de la société et de la famille celui qui recherche les horreurs d'une lutte intestine. » (*Iliade*, XX, 63.)

D'après Homère, Zeus, assembleur de nuages, jette un regard sévère sur Arès, le dieu de la guerre, et lui dit : « Non, renégat, ne viens pas t'asseoir à côté de moi ; gémis. De tous les dieux qui demeurent dans l'Olympe, tu es pour moi le plus haïssable, toujours tu aimes les querelles, les guerres et les batailles. » (*Iliade*, V, vers 891.)

Euripide (480-406 av. J.-C.) s'écrie : « Infortunés mortels, pourquoi prenez-vous vos lances et portez-vous la mort à vos frères. Arrêtez ! Gardez-vous d'un tel acte !... Arrêtez, vous êtes des fous, vous tous qui essayez d'obtenir la récompense de la valeur par la guerre et vous imaginez ainsi apaiser le tumulte de ce monde, car s'il faut des combats sanglants, la guerre ne cessera jamais. »

Thucydide qui écrivit son grand ouvrage entre 423 et 403 avant J.-C., dit : « Les guerres jaillissent de causes inconnues et généralement insignifiantes, le premier mouvement n'étant souvent qu'une explosion de colère. » Il nous donne la leçon dont notre temps a besoin et qui devrait être érigée en axiome ; « Il est abominable de traiter en malfaiteur celui qui est prêt à porter le différend devant un arbitre. » Aristide loue Périclès d'avoir voulu accepter l'arbitrage pour éviter la guerre.

Antocide, vers 444-388 av. J.-C., dit : « Voici, maintenant, Athéniens, la différence que j'établis entre la paix et la guerre : la première veut dire sécurité pour le peuple, la seconde, ruine inévitable. »

Isocrate, vers 436-338 av. J.-C., donne l'enseignement suivant : « Nous devons la paix à toute l'humanité. Ce devrait être notre souci non seulement de faire la paix, mais de la maintenir. Mais cela n'arrivera jamais jusqu'à ce que nous soyons persuadés que la tranquilité vaut mieux que le désordre, la justice que l'injustice, qu'il vaut mieux prendre soin de ce qui est à nous que de nous emparer de ce qui est aux autres. » (*Discours sur la paix*).

Les livres sacrés de l'Orient font de la paix leur principal objet : « C'est ainsi qu'il (Boudha) vit, rapprochant ceux qui sont divisés, encourageant ceux qui sont amis, pacificateur, amant de la paix, passionné pour la paix, sachant dire les paroles de paix.» *(Suttas bouddhistes,* ve siècle av. J.-C.) — « Maintenant, en quoi sa conduite est-elle bonne ? En ce que, repoussant le meurtre de ce qui vit, il s'interdit de détruire la vie. Il met à l'écart l'épée et la massue et, plein de modération et de pitié, il n'a que compassion pour toutes les créatures vivantes. » *(Suttas bouddhistes).*

« Vraiment le roi est notre souverain Seigneur. Il a réglé la situation des princes. Il a rassemblé les boucliers et les piques, il a remis dans leurs fourreaux les flèches. » (Le roi Shik, *Décade* I, *ode* 10.)

Bien des centaines d'années av. J.-C., le Zend Avesta déclare : « C'est un péché que de s'opposer à la paix. »

Voici le commandement bouddhiste, six cents ans avant notre ère : « Aime toute l'humanité également. »

« Pour ceux qui ont un noble caractère, le monde entier est une seule famille», dit l'Indou.

Arrivons aux Romains. Cicéron (106-43 av. J.-C.) dit : La guerre ne devrait pas être entreprise par une nation vraiment civilisée, si ce n'est pour défendre sa religion ou son existence. » — « Il y a deux manières de terminer une dispute : la discussion et la violence. La dernière manière est tout simplement celle des bêtes sauvages, la première est propre aux êtres de raison. » Il rappelle son opinion au Sénat, « car dans cette assemblée, avant que l'affaire fût décidée, j'ai dit maintes choses en faveur de la paix et même, pendant que la guerre se faisait, j'ai gardé les mêmes opinions, au péril de ma propre vie ». Rien n'indique mieux le vrai patriote et le vrai conducteur d'hommes ; un pareil exemple est très nécessaire à notre époque.

Salluste (86-34 av. J.-C.) fait le récit suivant : « Mais après que le Sénat eut appris la guerre qui se faisait entre eux, trois jeunes gens furent choisis et envoyés en Afrique vers les deux rois pour leur annoncer, au nom du Sénat et du peuple que c'était leur volonté et leur avis qu'ils déposassent les armes et arrangeassent leur dispute par l'arbitrage plutôt que par l'épée, car agir ainsi serait à la fois à l'honneur des Romains et d'eux-mêmes. » (*Jugurtha*, XXI, 4).

Virgile (70-19 ap. J.-C.) déplore la guerre. « L'amour des armes et la folle perversité de la guerre font rage. » « Pour moi, revenant de la guerre, tout fumant de meurtre, je serais criminel de toucher les dieux avant d'avoir lavé cette souillure dans l'eau pure. »

Sénèque (4 av.-65 ap. J.-C.) s'écrie : « Nous punissons les meurtres et les massacres entre particuliers ; pourquoi respectons-nous la guerre et le crime glorieux d'assassiner des nations entières ? L'amoureux de conquêtes est un assassin. Les conquérants sont des fléaux non moins dangereux pour l'humanité que les inondations et les tremblements de terre. »

Tacite fait cette observation profonde : « Sûrement les méchants sont plus aptes que les autres à soulever le tumulte et la discorde : la paix et le calme nécessitent les qualités des bons. » (*Histoires*, IV, 1.)

C'est pourquoi le démagogue apparaît pour enflammer les passions de la multitude afin de s'élever au pouvoir à ses dépens. Défiez-vous de l'homme qui vous pousse à faire la guerre.

Josèphe, né 98 ans ap. J.-C., écrit :

« David dit : Je voulais construire un temple à Dieu moi-même, mais il me l'a défendu parce que j'étais souillé par le sang et par la guerre. »

Plutarque, en 46 ap. J.-C., affirme : « Il n'y a pas de guerre parmi les hommes qui ne sont pas nés méchants ; quelques-unes viennent du désir des jouissances, d'autres d'une trop grande passion pour l'influence et le pouvoir. »

Voilà quelques exemples tirés du témoignage des anciens.

J'appelle maintenant votre attention sur les idées exprimées et soutenues par les premiers Pères chrétiens ; elles sont d'une importance toute spéciale pour ceux de vous qui sont étudiants en théologie.

Saint Justin, martyr, qui mourut vers 165 ap. J.-C., proclame : « Les prophéties sont accomplies, nous avons de bonnes raisons de le croire, car nous (chrétiens) qui, dans le passé, nous tuions les uns les autres, maintenant nous ne combattons plus nos ennemis. »

Saint Irénée, vers 140-202 ap. J.-C., se réjouit en ces termes : « Des chrétiens ont changé leurs épées et leurs lances en instruments de paix et ils ne savent plus combattre. »

Clément d'Alexandrie, dont les œuvres furent composées à la fin du IIe siècle et au commencement du IIIe, écrit : « Les disciples du Christ n'emploient aucun des instruments de guerre. »

Tertullien, vers 150-230 ap. J.-C., demande : « Comment un chrétien peut-il aller à la guerre, comment peut-il porter des armes en temps de paix, quand le Seigneur nous a interdit l'épée ? Jésus-Christ, en désarmant saint Pierre, a désarmé tous les soldats. » (*De Idolatr.*, 19.) « Le serment militaire et le sacrement baptismal sont incompatibles, l'un étant le signe du Christ, l'autre celui du Démon. » « Pourrait-il être légitime d'exercer le métier des armes quand le Seigneur proclame que celui qui se sert de l'épée périra par l'épée ? »

Origène (185-254 ap. J.-C.) dit : « Les anges s'émerveillent que la paix soit venue par Jésus à la terre, car elle est un monde déchiré par la guerre. » — « On appelle paix un état où nul n'est en désaccord, rien hors de l'harmonie, où il n'y a rien d'hostile, rien de barbare, car, nous (chrétiens) nous ne devons prendre les armes contre aucune race, ni apprendre à servir à la guerre, car nous avons été faits fils de la paix par Jésus-Christ que nous suivons comme notre maître. » *Patrologia Græca*, XIV, p. 46, 988, 1231.)

Saint Cyprien, vers 200-257 ap. J.-C., estime que « les chrétiens ne doivent pas répondre à une attaque par une autre, car il n'est pas bien, même pour l'innocent, de tuer le coupable ; mais ils doivent être prêts à donner leur vie et leur sang. » (*Épître 56, à Cornelius,* § 2.)

Arnobe, qui écrit vers 295 ap. J.-C., dit : « Certainement si tous ceux qui se considèrent comme des hommes voulaient écouter un moment les lois pacifiques et bienfaisantes du Christ, depuis longtemps, le monde entier, donnant au fer un usage moins terrible, aurait vécu dans la plus parfaite tranquillité et les hommes se seraient unis dans une ligue ferme et indissoluble de parfaite concorde. (*Adversus Gentes*, liv. I, p. 6.)

Lactance, qui écrivait au commencement du IVe siècle, affirme : « Il ne peut jamais être légitime pour un homme juste d'aller à la guerre, car la guerre est injuste par elle-même. » « Ce n'est pas le meurtre que Dieu rejette, les lois civiles le punissent. L'interdiction divine porte sur ces usages que les hommes considèrent comme permis. Il n'est donc pas permis à un chrétien de porter les armes : la justice est son armure. Le divin commandement n'admet pas d'exception ; l'homme est sacré et c'est toujours un crime de prendre sa vie. » (*Div. Inst.*, I, 48.)

Saint Athanase (296-373 ap. J.-C.) déclare que « quand les peuples entendent l'enseignement du Christ, aussitôt, au lieu de combattre, ils se mettent au travail des champs et, au lieu de prendre les armes, ils joignent leurs mains pour la prière ». (*Incarnation du Monde*, § 52.)

Saint Grégoire de Nysse (335-395 ap. J.-C.) prêche en ces termes : « Celui qui vous promet un avantage si vous vous abstenez de la guerre vous en accorde deux — en vous épargnant la suite des malheurs qui escortent la guerre, et la guerre elle-même. » (*Patrologia Græca*, XLIV, p. 1282.)

Saint Augustin (354-430 ap. J.-C.) déclare : « Ne pas rester en paix c'est repousser le Christ. » (Migne. *Patrologie latine*, XXXIII,

p. 186.) Il soutient que les guerres défensives sont les seules justes et les seules légitimes ; c'est seulement dans celles-là qu'il peut être permis au soldat de tuer, quand il ne peut pas autrement protéger sa cité et ses frères. *(Lettre 47).*

Saint Isidore de Péluse (370-450 ap. J.-C.) n'est pas moins net : « Je vous le dis, bien que le meurtre des ennemis tués à la guerre puisse sembler légitime, bien que des monuments soient élevés aux vainqueurs pour raconter leurs crimes illustres, pourtant, si l'on tient compte de l'indéniable fraternité des hommes, ces vainqueurs mêmes ne sont pas exempts de péché. » *(Patrologie grecque, LXXVIII, p. 1287.)*

Nous avons aussi le fait historiquement établi de Maximilien le Centurion qui, ayant embrassé le christianisme, renonça à sa fonction et refusa de combattre. Pour cela il fut mis à mort.

Celse, le grand adversaire du christianisme, qui écrivit vers 176 ap. J.-C., reproche aux chrétiens de refuser de porter les armes et remarque que dans une partie de l'armée romaine, un tiers de la masse, « on ne trouvait pas un seul chrétien ».

Saint Martin répondit à Julien l'Apostat : « Je suis chrétien et je ne puis pas combattre. »

Passons aux papes, en nous bornant aux plus importants. — Saint Grégoire le Grand (540-604 ap. J.-C.) écrit au roi des Lombards : « En choisissant la paix, vous vous êtes montré un adorateur de Dieu qui est son auteur.

Le pape Innocent IV, pour protester contre les guerres entre Philippe-Auguste et Richard d'Angleterre, écrit au roi de France : « Au moment où Jésus - Christ est sur le point d'achever le mystère de la Rédemption, il donne la paix en héritage à ses disciples ; il veut qu'ils l'observent parmi eux et qu'ils la fassent observer par les autres. Ce qu'il dit à sa mort, il le confirme à sa résurrection. « La paix soit avec vous », ce sont les premières paroles qu'il adressa à ses apôtres. Paix est l'expression de cet amour qui est l'accomplissement de la loi. Qu'est-ce qui est plus contraire à l'amour que les querelles des hommes ? Nées de la haine, elles détruisent tous les liens d'affection ; peut-il aimer Dieu, celui qui n'aime pas son voisin ? »

Erasme déclare : « S'il y a dans les affaires des mortels une chose qu'il est nécessaire de condamner et que tout homme doit, par tous les moyens légitimes, éviter, conjurer, cette chose c'est, sans aucun doute, la guerre. »

Luther déclare : « Les canons et les armes à feu sont des machines cruelles et maudites suggérées directement par le diable. Si Adam avait eu la vision des horribles instruments que ses enfants inventeraient, il serait mort de chagrin. »

Rien n'est plus certain que ce fait ; les apôtres du christianisme, ceux qui sont venus immédiatement après le Christ et dont la doctrine avec ses formes authentiques s'est conservée jusqu'à nous, étaient absolument convaincus que leur maître avait défendu aux chrétiens de tuer les hommes à la guerre ou de s'enrôler dans les légions. L'un des sujets de désaccords entre les Romains non chrétiens et les chrétiens était que ces derniers refusaient de s'enrôler dans les légions et d'être ainsi obligés de tuer leurs frères à la guerre quand ils en recevaient l'ordre. Réfléchissons au changement et étonnons-nous que les prêtres chrétiens de nos jours accompagnent les armées et osent approcher la divinité, recherchant sa protection et sa faveur pour les soldats dans leur œuvre de haine. Quand les nations en guerre sont des nations chétiennes, adorant le Dieu unique, ce qui, hélas, n'est pas rare, comme dans la dernière gigantesque orgie de massacres humains en Europe, nous avons le spectacle de prêtres rivaux, priant, au nom des princes de la paix, le Dieu des batailles et lui demandant ses faveurs. De telles prières furent offertes dans les églises où parfois étaient déployés les étendards de la bataille, emblèmes de carnage. Les âges futurs appelleront ces actes des blasphèmes. Il y a dès aujourd'hui des gens qui en éprouvent un regret profond. Même les païens d'avant Jésus-Christ, lorsqu'ils revenaient des boucheries d'hommes, ne se permettaient pas d'invoquer leurs dieux avant de s'être lavés de la souillure qui en résultait.

C'est une vérité trop connue que les doctrines de tous les fondateurs de religion ont reçu des modifications dans la pratique, mais il est étrange vraiment que la doctrine du Christ en ce qui regarde la guerre et les guerriers, telle qu'elle fut énoncée par ses disciples immédiats, ait été si complètement retournée dans les siècles postérieurs et pourtant il en est ainsi.

Les paroles de Bentham ne sauraient être passées sous silence. « Rien ne peut être pire que le sentiment général au sujet de la guerre. L'Eglise, l'Etat, les gouvernants, les sujets, tous semblent dans ce cas se liguer pour recommander le vice et le crime dans leur extension la plus large. Habillez un homme d'habits particuliers, appelez-le d'un nom particulier et il aura en diverses occasions le pouvoir de commettre différents crimes, de piller, de tuer, de détruire le bonheur humain, et, en agissant ainsi, il sera récompensé. L'époque arrivera sûrement où des générations plus instruites seront obligées de faire appel au témoignage de l'histoire pour croire que dans des siècles qui se jugeaient civilisés, des êtres humains ont été d'autant plus honorés par l'approbation publique qu'ils ont causé plus de mal. »

Ce texte de Bacon me revient à l'esprit : « Mon opinion est qu'à moins de broyer le christianisme dans un mortier et de le couler dans un nouveau moule, il ne saurait y avoir de guerre sainte. »

Il semble qu'il n'y ait pas de champs d'action contemporaine où l'Eglise chrétienne, dans le monde entier, — je mets à part, bien entendu, les exceptions individuelles — ait fait une faillite aussi évidente que dans son attitude à l'égard de la guerre, si l'on juge par comparaison avec l'idéal des Pères chrétiens qui viennent les premiers après le Christ. Son silence, quand des paroles nettes pourraient empêcher la guerre, son silence pendant que la guerre règne, son impuissance même pendant les jours calmes de la paix à proclamer la vraie doctrine chrétienne regardant le meurtre des hommes faits à l'image de Dieu, et la prostitution de ses saints offices à des fins sacrilèges donnent raison à la récente accusation du premier ministre Balfour quand il déclara que l'Eglise d'aujourd'hui s'occupe de questions qui ne doivent pas peser plus que la poussière en comparaison des problèmes vitaux qu'elle est appelée à traiter.

On pourrait remplir des volumes avec les condamnations de la guerre par les grands hommes de l'époque moderne. Nous en citerons seulement quelques-unes.

Lord Clarendon (1608-1674) dit : « Nous ne pouvons pas nous faire une représentation et une image plus vivante de l'enfer que la vue d'un royaume en guerre. »

Hume dit : « La rage et la violence de la guerre publique, qu'est-ce, sinon une suspension de la justice parmi les parties en guerre ? »

Gibbon écrit : « Un seul brigand isolé ou une petite bande de brigands sont marqués au fer rouge du nom qu'ils méritent, mais les exploits d'une bande nombreuse prennent le caractère d'une guerre légitime et honorable. »

« Dans chaque champ de bataille nous voyons une arène ignominieuse de dégradation humaine, » dit Conway.

Ecoutons la voix autorisée d'un principal de Saint-André, Sir David Brewster (1781-1868) qui dit : « Rien dans l'histoire de l'espèce humaine ne semble plus inexplicable que de voir la guerre, cette fille de la barbarie, exister dans un âge de lumière et de civilisation ; mais il est plus inexplicable encore que la guerre existe là où le christianisme a, pendant près de 2.000 ans, répandu sa douce lumière et qu'elle soit défendue par des arguments tirés des Écritures elles-mêmes. »

Un des plus grands ministres des Affaires étrangères des Etats-Unis, le colonel John Hay, qui vient de mourir, dénonce la guerre « comme la plus futile et la plus féroce des folies humaines ».

L'homme a fait beaucoup de progrès dans sa marche en avant depuis la sauvagerie primitive. Bien des choses mauvaises et malfaisantes ont été bannies de la vie, mais la marque indélébile de la guerre reste toujours pour souiller et discréditer notre prétention à la civilisation. En dépit de tous les progrès, le meurtre des hommes est toujours pratiqué ; mais j'appelle votre attention pour quelques minutes sur plusieurs rayons de lumière qui déchirent les sombres nuages et nous donnent du courage. Considérons un moment ce que la guerre était dans les temps passés. Elle ne connaissait ni lois, ni restriction. La prime à l'empoisonnement et à l'assassinat des souverains et des généraux du parti opposé et les mensonges des diplomates étaient des armes légitimes. Les prisonniers étaient massacrés ou réduits en esclavage. On ne faisait pas de quartier. Les ennemis étaient torturés ou mutilés. Les femmes, les enfants et les non-combattants n'étaient pas épargnés. Les fontaines étaient empoisonnées. La propriété privée n'était pas respectée. Le pillage était la règle. La piraterie et la guerre privée étaient permises. Les droits des neutres sur mer étaient inconnus.

Permettez-moi de vous retracer brièvement l'histoire des réformes qui ont été accomplies et desquelles nous devons tirer un encouragement à travailler à l'abolition de la guerre, fermes dans la foi que les jours du meurtre sont désormais comptés.

On trouve la première action contre la coutume sauvage de la guerre dans les règlements des conseils amphictyoniques des Grecs, environ trois siècles av. J.-C. Les Hellènes devaient « se combattre comme des gens qui ont l'intention de se réconcilier un jour. Ils devaient punir sans haine, ne pas dévaster la Grèce, ne pas brûler les maisons, ne pas penser que toute la population d'une cité, hommes, femmes et enfants, était leur ennemie et par conséquent devait être détruite ».

Nous devons surtout à Grotius le mouvement moderne pour soumettre la guerre
terrestre et maritime, jusque-là sans lois, aux
restrictions humaines de la loi. Son premier
livre, *Mare Liberum*, parut en 1609. Il attira
tellement l'attention que la Grande-Bretagne
dut employer sa plus grande autorité juridique,
Lord Seldon, pour y répondre. Jusqu'alors,
l'Espagne, le Portugal et la Grande-Bretagne
avaient soutenu que les mers bordant les
terres étaient fermées à tous les peuples
excepté à ceux qui vivaient sur leurs rivages,
doctrine que l'Angleterre n'a pas abandonnée
avant 1803.

La seconde œuvre de Grotius, celle qui fit
époque, *Les droits de la guerre et de la paix*,
parut en 1625 et immédiatement attira l'attention de Gustave-Adolphe le plus grand
capitaine de cette époque. Un exemplaire en
fut trouvé sous sa tente quand il mourut, le
jour de la bataille de Lutzen. Il faisait toujours grâce de la vie à cette époque barbare.
Trois années après la publication du livre, le
cardinal de Richelieu, à l'étonnement de
l'Europe, épargna la garnison huguenote et
protégea la cité de La Rochelle au lieu de

suivre l'usage habituel de massacrer ses défenseurs et d'abandonner la ville et ses habitants au massacre et au pillage. C'était alors une œuvre sainte que de massacrer les hérétiques, sans en épargner un seul. Son propre parti dénonça cet acte d'humanité et le surnomma : « Cardinal de Satan et papé des athées ». Le traité de Westphalie de 1648, trois ans après la mort de Grotius, termina la guerre de trente ans en Allemagne, la guerre de quatre-vingts ans dans les Pays-Bas et une longue période de sauvagerie dans beaucoup de parties du globe. Il montre clairement l'influence des idées avancées de Grotius, étant fondée sur sa doctrine, sur l'indépendance essentielle et l'égalité de tous les Etats souverains et sur les lois de la justice et de l'humanité.

Dans le progrès que l'homme a fait en passant de la guerre sauvage et sans lois à la guerre réglementée et soumise au droit international, aucun nom ne peut être mis à côté du sien. Il est le père du droit moderne international en tant qu'il réglemente la paix et la guerre. Il a eu plusieurs successeurs éminents, spécialement Puffendorf, Bynkershock et Vattel. Ces quatre hommes sont appelés par Phillimore « les arbitres des différends internationaux ». Ils sont suivis de près par un second quatuor, le juge anglais Stowell et les juges américains Marshall, Story et Field.

Le droit des gens ne ressemble pas aux autres sur un point. Il n'a pas de force matérielle derrière lui. C'est une preuve de la puissance suprême de la douceur, l'influence irrésistible et le triomphe final de ce qui est juste et humain. Au petit nombre d'hommes qui ont sérieusement contribué à le faire naître dans le passé et à ceux qui lui consacrent aujourd'hui leurs efforts, la civilisation doit une reconnaissance infinie. Des particuliers l'ont créé et les nations sont heureuses de l'accepter. Des magistrats anglais ont souvent déclaré que « la loi internationale est dans toute sa force en Angleterre ». Il en est de même en Amérique et dans d'autres contrées. Nous avons, dans cette action qui s'est créée elle-même, un des deux plus puissants et bienfaisants instruments de paix et de progrès du monde.

Les plus importantes des réformes modernes relatives aux lois de la guerre viennent du traité de Paris (1856), du traité de Washington (1871) qui régla l'affaire de l'*Alabama* et de la Déclaration de Bruxelles en 1874.

Le traité de Paris marque une époque, car c'est lui qui a formulé certains principes. Premièrement il a aboli la course. Depuis lors, sur mer, la guerre est bornée aux navires de la marine nationale commandés et montés par des officiers et des marins au service de l'Etat. Le commerce ne peut plus être attaqué par des aventuriers à la recherche du butin. En second lieu, le Congrès décida qu'un blocus pour être reconnu doit être effectif. Troisièmement, il établit la doctrine que les marchandises de l'ennemi portées par un bateau neutre ne peuvent être saisies à l'exception de la contrebande de guerre. Ce sont de grands pas en avant.

L'Amérique refusa d'accepter le premier article (auquel, cependant, elle s'est maintenant ralliée), demandant que la propriété privée soit complètement soustraite à la guerre, sur mer comme sur terre, avantage pour lequel elle a longtemps lutté et que les puissances, excepté l'Angleterre, ont généralement tendu à reconnaître. Le courant s'est récemment si fortement déclaré en sa faveur qu'on peut entretenir l'espérance que la future conférence de La Haye atteindra ce résultat désirable. C'est le dernier pas important qui reste à faire dans cette direction, ce qui signifie que le commerce pacifique doit être protégé contre le démon de la guerre. Si ce pas est fait, les étudiants de Saint-André pourront lancer leurs bonnets en l'air, au milieu de tonnerres d'acclamations.

Dans l'histoire, le traité de Washington sera peut-être le plus grand service rendu par M. Gladstone, parce qu'il régla la question de l'*Alabama*, question pleine de dangers et qui, laissée sans solution, aurait probablement maintenu dans l'hostilité pour longtemps les deux branches des races qui parlent anglais. Un homme d'Etat moins influent sur la masse de ses compatriotes n'aurait pu faire aboutir cette bienfaisante mesure, car l'Angleterre devait céder beaucoup et par là elle mérite une gratitude infinie. L'Amérique fit de trois propositions les bases de l'arbitrage ; mais, bien que toutes fussent raisonnables et qu'elles eussent dû faire partie du droit international, elles étaient en dehors de lui. Pourtant, reconnaissant qu'elles étaient justes, M. Gladstone, par un acte audacieux de générosité, accepta que les arbitres les prissent pour guide.

Elles définissent très clairement les devoirs des neutres au sujet de l'équipement et l'armement des vaisseaux de guerre dans les ports et l'usage de ces ports comme base navale. Les neutres doivent maintenant faire « la diligence nécessaire » pour empêcher ces actes.

Morley dit, dans sa *Vie de Gladstone :* « Le traité de Washington et l'arbitrage de Genève sont, au XIXe siècle, la plus noble victoire du noble art de la diplomatie préventive et le plus remarquable exemple d'empire sur eux-mêmes qu'aient donné, dans leur histoire, deux des grands Etats démocratiques de l'Occident. »

Le Congrès de Bruxelles eut lieu en 1874. Jusqu'au commencement de la première moitié du dernier siècle, l'abandon des villes et de leurs habitants à la furie des troupes qui les prenaient d'assaut, était permis par les usages de la guerre. Défendant sa conduite en Espagne, Wellington dit : « Je crois qu'il a toujours été entendu que les défenseurs d'une place prise d'assaut n'avaient droit à aucun quartier. » Après l'assaut de Saint-Sébastien, il dit, à propos du pillage : « La fortune m'a accordé de prendre plusieurs places d'assaut et je puis ajouter que je n'ai jamais vu ni entendu dire qu'une ville ait été prise d'assaut par quelques troupes que ce soit sans être ensuite livrée au pillage. »

On ne peut oublier la description que donne Shakespeare d'une ville prise d'assaut :

> Les portes de la pitié ont toutes été fermées
> Et le soldat en fureur, rude et farouche,
> Laissera courir partout sa main sanglante,
> La conscience aussi large que l'enfer.

Ces habitudes inhumaines furent formellement abolies par la déclaration de Bruxelles ainsi conçue : « Une ville prise d'assaut ne sera pas abandonnée au pillage des troupes victorieuses. » Aujourd'hui passer une garnison au fil de l'épée serait une atteinte aux lois de l'humanité et en même temps une violation de la Déclaration de Bruxelles. Nous pouvons être assurés que le monde civilisé a vu les dernières atrocités.

Si, du sommet de notre civilisation, nous

regardons en arrière, nous voyons avec surprise et horreur qu'à l'époque même de Wellington, à peine un siècle avant nous, cette sauvagerie était la règle, mais si, après le même intervalle de temps, nos descendants regardent en arrière d'un sommet plus haut encore, ils jugeront nos massacres d'hommes à la guerre aussi atroces, aussi peu nécessaires et aussi indéfendables.

Laissez-moi rappeler sommairement ce qui a été fait jusqu'à maintenant pour adoucir les atrocités de la guerre, dans notre marche en avant vers le règne de la paix. Aujourd'hui, les non-combattants sont épargnés, les femmes et les enfants ne sont plus massacrés, on fait quartier et on prend soin des prisonniers. Les villes ne sont plus abandonnées au pillage, la propriété privée et immobilière n'est pas violée ou, si on la prend, c'est contre une indemnité ou un reçu. L'empoisonnement des fontaines, les primes à l'assassinat des souverains et des généraux, les mensonges diplomatiques sont des infamies du passé. Sur mer, la course a été abolie, les droits des neutres largement étendus et leur propriété protégée, le droit de visite étroitement restreint. Tout cela est dû au pouvoir pacifique du droit international. C'est là un grand sujet de joie. Si l'homme n'a pas frappé au cœur le dragon de la guerre, du moins il a engagé la lutte à fond et lui a arraché quelques-uns de ses crochets à venin.

Ainsi, même à travers le règne sauvage du meurtre, nous voyons la loi bénie de l'évolution ne s'arrêter jamais dans l'accomplissement de sa divine mission, faire un présent meilleur que le passé et nous conduire toujours vers la perfection.

Jusqu'ici cependant, nous n'avons fait qu'effleurer ce crime dont l'essence est le meurtre humain, le refus de considérer la vie humaine comme sacrée ainsi que le firent les premiers chrétiens.

En suivant la marche du progrès, nous trouvons une exception déplorable. Une nouvelle tache est venue souiller les usages de la guerre. C'est une abomination égale à toutes celles dont la guerre a dû se débarrasser sous la pression de l'opinion publique. C'est le fruit des dernières années. Gentilis, Grotius et tous les grands publicistes avant

Bynkershock, dirigés par l'esprit de la loi romaine, le sentiment de l'honneur et une longue pratique, affirment la nécessité d'une déclaration formelle de la guerre « afin qu'on ne soit pas surpris par l'ennemi caché sous une apparence amicale ». Ce ne fut qu'à la fin du dernier siècle que l'opinion opposée commença à trouver faveur. Aujourd'hui, on soutient qu'une déclaration formelle n'est pas indispensable et que la guerre peut commencer sans cela. C'est le seul pas en arrière que nous constations dans le progrès constant de la réforme des usages de la guerre. On ne considère plus comme leur étant contraire qu'un État surprenne et détruise son adversaire pendant qu'il est encore en pourparlers amicaux avec lui en vue d'un arrangement pacifique. C'est là une arme qui appartient à l'infernal arsenal des assassins soudoyés pour tuer ou empoisonner les généraux ennemis, des dépêches falsifiées, des fontaines empoisonnées, des traités faits pour être violés et toutes les armes diaboliques que, sous le poids de la honte, les hommes ont dû abandonner comme trop infâmes même pour le métier de tueurs d'hommes. C'est proclamer que, dans une discussion, chacune des parties en conflit peut siéger dans une conférence amicale, accepter en apparence de chercher une solution pacifique du différend, offrir de la main droite la paix souriante, pendant que de la gauche, en cachette, elle saisit le poignard des assassins. On peut faire très exactement, à travers l'histoire, le parallèle entre le duel et la guerre. L'agresseur, dans un duel, donnait avis à la partie adverse. En 1187, la diète germanique à Nuremberg décida ; « Nous décrétons et ordonnons par cet édit que celui qui a l'intention de causer du dommage à un autre ou de l'attaquer doit lui donner avis trois jours auparavant. » Il faut espérer que la prochaine conférence mettra fin à cette action traîtresse comme contraire aux usages de la guerre et ainsi on reviendra à l'idée ancienne et plus chevaleresque d'attaquer seulement après une déclaration de guerre.

Considérons maintenant l'autre moyen d'action capital, dans la campagne contre la guerre, — l'arbitrage pacifique.

L'initiateur de l'idée de l'arbitrage universel fut Emeric Cruce, né à Paris vers 1590. Il ne

reste qu'un exemplaire de son petit livre de
226 pages sur ce sujet. Au xiie siècle, Gerloius
avait émis cette idée, mais il ne réussit pas à
attirer l'attention. Balch dit : « Cruce pré-
senta ce qui fut probablement la première
proposition ferme pour substituer à la guerre
l'arbitrage international comme le tribunal de
dernière instance des nations. » Cet ouvrage
a une préface heureuse. « Ce livre serait
heureux de faire le tour du monde habité,
afin d'être vu par tous les rois et il ne crain-
drait aucune désapprobation, car la vérité
l'accompagne et fait le mérite de son sujet,
elle doit lui servir de lettre de recommanda-
tion et de crédit. »

Henri IV, en 1603, établit son plan d'organisation de l'Europe, pour abolir la guerre,
mais, comme son idée fondamentale reposait
sur la force armée et impliquait la ruine des
Habsbourg, on ne peut classer le plan parmi
les systèmes d'arbitrage pacifique. L'abbé de
Saint-Pierre, le duc de Lorraine, William
Penn, le quaker fondateur de la Pensylvanie,
Bentham, Kant, Mill et d'autres ont travaillé
à substituer le règne de la paix à celui de la
guerre, en faisant des propositions très

semblables quant au fond, ce qui nous donne des preuves nombreuses de l'irrésistible désir qu'éprouve l'humanité d'être délivrée du fléau.

Je vous demande maintenant de porter votre attention vers la plus féconde de toutes les conférences qui ont jamais eu lieu. D'autres conférences ont été tenues, mais toujours à la fin d'une guerre et leur premier devoir était de rétablir la paix entre les belligérants. La Conférence de La Haye fut la première réunion convoquée en dehors de toute guerre particulière, pour discuter les moyens d'établir la paix. Vingt-six nations y furent représentées et parmi elles toutes les grandes puissances.

La Conférence fut convoquée par l'empereur de Russie actuel, le 24 août 1898; elle est à jamais mémorable pour avoir réalisé l'idéal de Cruce et donné au monde le premier tribunal permanent pour le règlement des différends internationaux. Dans les âges futurs, le siècle dernier restera célèbre pour avoir donné naissance à cette Haute Cour d'humanité. La Conférence s'ouvrit le jour anniversaire de la naissance de l'Empereur, le 18 mai 1899. Ce jour deviendra un des jours de fête du monde, dans le règne futur de la paix, comme le jour où l'humanité parcourut une des étapes les plus longues et les plus belles de son histoire dans le sens du progrès et de la moralité.

M. White, ambassadeur des Etats-Unis, l'a dit : « La Conférence marque le premier pas vers l'abolition du fléau de la guerre. » Même les plus optimistes n'attendaient pas un tel succès. Ce succès surprit la plupart des membres de la Conférence eux-mêmes ; ils avaient été si généralement et si profondément épouvantés par les ravages de la guerre et les énormes dépenses qu'elle cause, par son inévitable enfantement de guerres futures et par-dessus tout par son impuissance à assurer une paix durable que l'idée d'une cour universelle conquit cette assemblée qu'on a appelée la plus distinguée qui se soit jamais réunie. Une proposition moins radicale n'aurait probablement pas à ce point touché les sentiments des délégués et soulevé leur enthousiasme. La prompte adhésion que le sentiment public de tous les pays accorda à la cour internationale ne fut pas moins surprenant. Chacune des puissances représentées ratifia promptement le traité ; le Sénat des États-Unis le fit à l'unanimité — événement rare. Nous avons le droit de considérer ce succès si complet et si rapide comme la preuve du désir profond, général et inébranlable, répandu dans tous les pays, qui tend à détrôner la guerre et à mettre à sa place la paix, en confiant le règlement des différends au jugement des tribunaux.

Enfin, il n'y a plus d'excuse pour la guerre. Désormais, un tribunal est prêt à juger sagement entre les nations. Il a débuté sous de favorables auspices. Un grand nombre d'affaires ont déjà été arrangées par lui.

Tout d'abord, il a réglé un différend entre les États-Unis et le Mexique. Puis, quand on sollicita le président Roosevelt de jouer le rôle d'arbitre, généreusement, il amena l'Angleterre, la France, l'Italie, l'Amérique et le Venezuela devant la Cour de La Haye pour le règlement de leurs difficultés, qui vient d'être terminé.

Dernièrement, l'Angleterre faillit avoir la guerre avec la Russie, à la suite de l'incident malheureux du Dogger Bank où des bateaux pêcheurs anglais furent atteints par l'artillerie des vaisseaux de guerre russes. L'affaire souleva une émotion intense. Le traité de La Haye prévoit pour de semblables difficultés la formation de commissions internationales d'enquête. Ce fut la marche que suivirent les deux gouvernements signataires du traité et la paix fut ainsi heureusement maintenue.

Ce fut en se référant encore à la Conférence de La Haye que le Président des États-Unis adressa sa note récente au Japon et à la Russie où il proposait une conférence relative à la paix et offrait ses services pour la faire aboutir. Ainsi son succès fut rendu possible par le traité de La Haye. L'attention du monde est appelée sur l'immense portée du traité et sur le fait que le plus grand progrès accompli par l'humanité à la suite d'un seul acte officiel est la création d'une Cour universelle pour régler les différends internationaux.

Pendant que j'écris, j'apprends que demain l'auguste tribunal commencera à entendre la France et la Grande-Bretagne sur leurs différends à propos de Mascate. C'est là que siège le plus divin conclave qui ait jamais

honoré la terre si l'on en juge par sa mission
qui est l'accomplissement de la prophétie :
« Quand les hommes transformeront leurs
épées en socs de charrues et leurs lances en
faucilles, les nations ne lèveront plus l'épée
contre les nations et elles n'apprendront
plus jamais à faire la guerre. »

Ainsi la Cour universelle fait son chemin,
détrônant la guerre sauvage et mettant à sa
place l'arbitrage pacifique.

Le tribunal de La Haye n'a rien d'obliga-
toire : tous les adhérents gardent la parfaite
liberté de lui soumettre ou non leurs affaires.
C'est là, a-t-on jugé quelquefois, son point
faible, mais à un point de vue, c'est sa
grande force. Comme pour le droit international, c'est de son mérite que dépend son
succès et comme nous l'avons vu, il réussit ;
mais beaucoup de personnes désirent si
ardemment hâter l'abolition de la guerre que
des propositions ont été faites aux puissances
pour obtenir qu'elles consentent à soumettre
au tribunal certaines catégories de questions.

Pour ce résultat, il serait bon de se hâter
lentement et de ne pas faire de pression.
Tout viendra en temps opportun. La paix ne

fait pas son chemin par la force, elle fait appel à la raison et à la conscience de l'homme. Jusqu'ici, dans tous les traités, les grandes puissances ont maintenu le droit de s'abstenir de soumettre les questions « affectant l'honneur ou les intérêts vitaux ». C'était tout naturel au début et il faut du temps pour élargir graduellement le domaine des questions à soumettre au Tribunal. La tendance à le faire est évidente et il ne faudra que de la patience pour atteindre le but désiré. Le plus grand pas en avant dans cette direction a été fait récemment quand le Danemark et les Pays-Bas, le Chili et l'Argentine ont conclu des traités pour soumettre à l'arbitrage tous leurs différends sans aucune exception. Pour consacrer ce noble ouvrage, les deux derniers États font élever un monument à la Paix sur le plus haut sommet des Andes qui marque la frontière longtemps disputée entre eux.

Un autre grand pas en avant dans cette direction a été fait par l'arrangement entre la Suède et la Norvège pour soumettre à l'arbitrage toutes les difficultés qui pourraient s'élever entre elles. Les questions affectant

« l'indépendance, l'intégrité du territoire ou les intérêts vitaux » sont exceptés, mais si quelque difficulté s'élevait au sujet de l'interprétation, ce serait au tribunal de décider. En d'autres termes, l'une ou l'autre nation peut soutenir qu'une question est dans le cas d'exception, et si tel est l'avis du tribunal de La Haye, il n'y a pas lieu à arbitrage. Mais si le tribunal décide que le différend ne concerne pas « l'indépendance, l'intégrité ou l'intérêt vital de l'un ou l'autre pays », alors le différend est soumis à l'arbitrage. C'est certainement un pas fait en avant et vous voudrez bien noter qu'il n'est plus question de « l'honneur », cette chose intangible.

On doit féliciter cordialement ces nations d'avoir eu l'initiative de ce premier pas dans cette voie admirable. Nous ne leur envions pas l'honneur et la gloire qui leur est revenue, quoique dans notre cœur nous sentions que cette œuvre aurait plutôt dû être accomplie par cette race qui a aboli l'esclavage par l'action de ses deux branches et qui a aussi aboli le duel. Ce que notre race devrait faire maintenant, c'est de suivre l'exemple donné et de conclure un traité semblable, s'appliquant aux vastes territoires des pays qui parlent anglais, Empire et République. Faire moins serait déroger à notre passé de pionniers du progrès. Nous ne pouvons pas laisser plus longtemps ces petites nations nous devancer. Nous devrions au moins aller de front avec elles.

Nous avons noté que jusqu'à présent l'honneur et les intérêts vitaux ont été exceptés des questions soumises à l'arbitrage. Nous nous écrions : « O liberté, que de crimes on commet en ton nom ! » Mais ces crimes ne sont rien comparés à ceux qu'on a commis au nom de l'« Honneur », le mot le plus déshonoré de notre langage. Un homme ou une nation ne peuvent déshonorer un autre homme ou une autre nation ; c'est impossible. Toutes les blessures de l'honneur nous sont infligées par nous-mêmes. Tout ce qui ternit notre honneur vient du dedans, non du dehors. L'innocence ne cherche pas de revanche, elle n'a rien à venger, où est le crime ? L'homme ou la nation dont l'honneur réclame une réparation autre que la constatation de la vérité, par quoi la calomnie est couverte de honte, mérite de faire pitié.

L'innocence a confiance, la vérité a la conscience tranquille et l'homme pur s'écrie :

« Si chère au ciel est la sainte innocence !
« Les légions des anges la servent
« Et la gardent de tout sentiment de péché et de honte.»

L'honneur innocent attaqué écarte la vengeance sanglante et s'adresse aux tribunaux de justice et d'arbitrage. On a soutenu autrefois que si l'honneur d'un homme est attaqué, la réparation ne pouvait venir que par l'épée. Aujourd'hui, on soutient encore parfois que si l'honneur d'une nation est attaqué, de même la réparation ne peut venir que de la guerre ; mais il n'est pas permis à un homme de notre race de soutenir cette doctrine, car, dans l'espace compris entre ses larges frontières, il n'y a pas de dispute entre individus qui puisse être légalement arrangée en dehors des tribunaux. Au lieu de venger son honneur, l'individu de langue anglaise qui violerait la loi en se faisant justice par la violence individuelle se déshonorerait lui-même. Sous notre loi, il n'y a pas de tort d'homme à homme qui justifie le crime de la vengeance privée.

L'homme de notre race qui soutient que son pays serait déshonoré, s'il acceptait sans restriction l'arbitrage, oublie que, d'après cette façon de voir, il est personnellement déshonoré en l'acceptant pour lui-même. En tant qu'individu, il est civilisé ; au point de vue national, il reste barbare en refusant les jugements pacifiques et en réclamant une vengeance nationale — tout cela pour une insulte à l'honneur.

Qui de nous ne se réjouirait de voir l'Angleterre et les États-Unis partager avec le Danemark et la Hollande, le Chili et l'Argentine le déshonneur qu'elles ont récemment encouru et l'estimer un superbe avantage ?

Les nations ne sont que des groupes d'individus. Le parallèle entre la guerre et le duel est complet et comme, dans notre race, la société s'en remet déjà aux cours de justice pour protéger ses membres contre tous les torts, ainsi finalement les nations s'en remettent à la Cour internationale. On a fait l'objection que des réclamations sans raison, déshonorantes ou sans fondement peuvent être portées devant les arbitres. Qu'un membre de la famille des nations puisse présenter une réclamation sans aucun fondement, ou que la Cour ne veuille pas le condamner dans ce cas, c'est là un danger purement hypothétique. Sans aucun doute, les arrangements entre nations, une fois faits, s'accorderont avec les idées de Grotius, avec l'indépendance et l'égalité de tous les membres et la reconnaissance de leurs territoires actuels. Ces derniers ne pourront pas être attaqués.

Depuis que la Cour est organisée, trois incidents se sont produits qui ont causé beaucoup de peine aux amis de la paix dans le monde. L'Amérique a refusé l'offre faite par les Philippins de mettre fin aux hostilités par l'arbitrage. L'Angleterre a refusé l'offre d'arbitrage présenté par la République du Transvaal, bien que trois membres de la Cour proposée par la République dussent être des juges anglais et les deux autres des juges hollandais — l'offre la plus remarquable qui ait jamais été faite, infiniment honorable pour son auteur et remarquable tribut d'hommages aux juges anglais. Ni la Russie, ni le Japon, ne parlèrent de s'adresser à La Haye. Comme la Cour de La Haye est le résultat de l'initiative de l'Empereur de Russie, le fait causa autant de peine que de surprise. On a suggéré l'explication que des conférences pacifiques se tenaient quand le Japon attaqua Port-Arthur sans déclaration, rendant l'arbitrage impossible.

Nous devons reconnaître ces incidents décourageants, mais il nous reste la consolation de penser que si l'une ou l'autre des deux nations avait vu, au début, les conséquences de son mépris de l'arbitrage aussi clairement qu'elle les vit plus tard, elle aurait accepté l'arbitrage et aurait eu raison de se féliciter de la sentence de la Cour quelle qu'elle fût. Leur expérience portera ses fruits. Malgré ces regrettables refus de porter les différends devant le pacifique arbitre qu'est le tribunal de La Haye, nous trouvons d'importantes satisfactions dans le nombre de cas où le jugement de la Cour a déjà amené la paix sans sacrifier une seule vie humaine — victoires qui ne causent pas de larmes.

Partout se manifestent des signes d'action en faveur de la paix universelle. Parmi eux il faut citer le fait que l'Union interparlementaire, réunie à Saint-Louis l'année dernière, demanda aux divers gouvernements du monde d'envoyer des représentants à une conférence internationale pour étudier : 1º les questions pour lesquelles la Conférence de La Haye a exprimé le vœu qu'une nouvelle conférence fût convoquée ; 2º la négociation de traités d'arbitrage entre les nations représentées ; 3º l'opportunité d'établir un Parlement international périodiquement convoqué pour la discussion des questions internationales.

Le président Roosevelt a invité les nations à convoquer ce congrès, mais récemment, il s'est adressé à l'empereur de Russie comme à qui de droit pour inviter les nations à réunir une nouvelle assemblée.

Si ce congrès périodique est établi, nous aurons le germe du conseil des nations qui gardera la paix du monde, jugeant entre les nations comme la Cour suprême des États-Unis juge aujourd'hui entre des États dont l'ensemble occupe une superficie plus grande que celle de l'Europe. Ce ne sera pas une nouveauté, mais simplement l'extension d'un service qui a déjà fait ses preuves sur une plus petite échelle. Si nous méditons sur la rapidité de la marche qui conduit l'humanité vers la paix, la pensée nous vient qu'il peut y avoir parmi les contemporains des gens qui vivront assez pour voir établi ce conseil universel par lequel la pratique du meurtre sera sûrement abolie, dans le cours du temps, parmi les nations civilisées.

J'espère que mes auditeurs suivront de près les débats de la Conférence de La Haye, car de l'extension de son influence dépend dans une large mesure l'avènement du règne de la paix. Sa prochaine réunion sera importante et probablement fera époque. Sa création et son prompt succès nous annoncent des progrès extraordinairement rapides. Le plus petit pas fait dans toute direction pacifique nous conduira vite à d'autres pas en avant. La marée est enfin établie et le flux est plus rapide que jamais pour le principe de l'arbitrage aussi bien que contre la guerre.

Voilà ce que j'avais à vous dire pour le temple de la Paix qu'on érige à La Haye. Permettez-moi quelques mots sur l'arbitrage en général.

Les hommes d'État qui les premiers ont prédit et consacré les bienfaits de l'arbitrage moderne furent Washington, Franklin, Jay et Grenville.

Dès 1780, Franklin écrit : « Nous faisons chaque jour de grands progrès dans les sciences de la Nature ; il y en a un que je voudrais voir accomplir dans les sciences morales — c'est la découverte d'une proposition qui induirait et obligerait les nations à régler leurs disputes sans commencer par s'égorger les unes les autres. » Son vœu fut réalisé par le traité Jay de 1774, duquel date l'arbitrage moderne. Il faut noter que ce traité est l'œuvre de notre race et que les plus importantes questions que l'arbitrage a réglées jusqu'ici ont été celles qui se sont posées entre ses deux branches.

Vous serez peut-être surpris d'apprendre que depuis le traité Jay, depuis 111 ans, il n'y a pas eu moins de cinq cent soixante-douze différends internationaux réglés par l'arbitrage. Dans aucun cas la sentence n'a été discutée ou méprisée, excepté, je crois, une fois où les arbitres avaient dépassé leurs pouvoirs. Supposons qu'il y ait eu une seule menace de guerre par dix de ces différends arrangés si tranquillement, sans violence, nous pourrons conclure que la solution pacifique a empêché cinquante-sept guerres, une tous les deux ans. Plus encore, si les cinquante-sept guerres que nous supposons empêchées par l'arbitrage avaient éclaté, elles auraient semé après elles plusieurs guerres futures, car rien n'engendre autant de guerres que la guerre elle-même. La haine couve la haine, la discorde couve la discorde, la guerre couve la guerre — haïssable progéniture. Voilà le plus mauvais de tous les remèdes ; il empoisonne en guérissant. On n'a jamais rien écrit de plus vrai que ce vers de Milton : « Que peut la guerre, si ce n'est produire des guerres sans fin ? »

Il n'y a pas eu moins de vingt-trois traités internationaux dans les deux dernières années. Les États-Unis en ont fait dix avec les principales puissances : il ne leur a manqué qu'une seule chose pour passer dans la pratique : le Sénat, qui partage avec le pouvoir exécutif le droit de conclure les traités et dont l'approbation est nécessaire, jugea préférable de changer un mot seulement et de remplacer « traité » par « agrément » — ce qui parut inacceptable au pouvoir exécutif. Le vote du Sénat fut presque unanime, ce qui prouve que le sentiment dominant est en faveur de l'arbitrage. Cette difficiculté de forme sera sans doute aplanie.

D'après ces faits vous jugerez avec quelle rapidité l'arbitrage progresse. Une fois qu'on l'a essayé, on ne revient plus en arrière. Il donne la paix et ne laisse aucune amertume. Ceux qui l'emploient deviennent meilleurs amis qu'avant la guerre ; la guerre en ferait des ennemis.

On a beaucoup écrit sur le prix effrayant de la guerre à notre époque, l'impôt du sang qui augmente sans cesse dans toutes les nations et qui menace d'épuiser bientôt les ressources de plusieurs États européens. Aujourd'hui, la France tient la tête avec une dépense de 92 fr. 50 et une dette de 779 fr. 55 par tête. L'Angleterre vient ensuite avec une dépense annuelle de 85 fr. 80 et une dette de 463 francs. La dépense de l'Allemagne contraste beaucoup avec les précédentes ; elle n'est que de 44 fr. 15 par tête ; sa dette est de 65 fr. 20 par tête, ce qui n'est pas le sixième de celle de l'Angleterre. La dépense de la Russie est de 43 fr. 10, à peu près la même que l'Allemagne ; sa dette de 137 fr. 15 par tête. Les dépenses militaires et navales de l'Angleterre font largement la moitié du total de ses dépenses, celles des autres grandes puissances, bien que moindres, s'accroissent rapidement.

Toutes les grandes dettes nationales avec peu d'exceptions, les vingt milliards de l'Angleterre et les trente milliards de la France, sont des legs de la guerre.

Cette saignée financière, ajoutée à la perte que subit la production par l'emploi des hommes à la guerre, pèse sur ces nations d'un poids qui n'a jamais été si lourd. Elle menacera bientôt de devenir dangereuse, à moins que le rapide accroissement des dernières années ne soit arrêté, mais il est à craindre que les nations n'attendent une catastrophe financière avant de s'appliquer elles-mêmes sérieusement à employer le remède.

On a souvent insisté sur l'impuissance de la guerre à assurer la paix entre les nations. C'est vraiment le plus futile de tous les remèdes, parce qu'il aigrit les adversaires et répand la semence de nouveaux combats. Il faut parfois des générations pour déraciner l'hostilité engendrée par un seul conflit. La guerre sème les dents du dragon et donne rarement à l'un et à l'autre parti ce qu'il cherchait à obtenir par les armes. Quand elle le fait, on trouve généralement que le butin est un fruit de la mer Morte. La dernière guerre si terrible qui vient de se terminer est encore une preuve de ce que je dis. Aucun des combattants n'a obtenu ce qu'il cherchait par les armes et celui qui a été réputé victorieux a fini par trouver la plus grande déception dans les conditions de la paix. Si le Japon, pays très pauvre, avait su que le résultat serait une dette, écrasante pour lui, de cinq milliards, ou si la Russie avait prévu le résultat, leur différend aurait été soumis à un arbitrage pacifique. Mais de telles considérations ne peuvent se faire entendre dans l'enfer ardent et bruyant des passions populaires, pas plus que les arguments sur le gaspillage d'argent ou de vies humaines. C'est seulement quand le crime moral, le péché de l'homicide seront présents à la conscience des masses que nous pourrons espérer arriver rapidement à supprimer la guerre. Il y aura toujours, nous le craignons, dans notre temps, des démagogues pour enflammer les passions brutales et pousser les hommes à combattre en invoquant l'honneur et le patriotisme et en répudiant l'arbitrage comme la ressource des lâches. On ne pense plus à la dépense et à la perte des vies humaines quand la brutalité éveillée prend le dessus dans l'âme des hommes.

C'est un crime de détruire la vie humaine par la guerre et c'est un devoir d'offrir ou d'accepter l'arbitrage comme une institution qui doit nécessairement la remplacer et qui, suivant nous, est destinée à être énergiquement réclamée par l'Église, par les Universités et tous les intellectuels.

Si les principales nations européennes n'étaient pas délivrées, par la conscription, du problème qui trouble maintenant les autorités militaires anglaises, à savoir l'insuffisance de volontaires acceptant d'exercer la profession des armes, nous entendrions bientôt réclamer la formation d'une ligue de la paix parmi les nations. On ne peut pas étudier la question de la guerre sans rappeler ce mode d'abolition qui est le plus simple de tous. Cinq nations coopèrent pour réprimer les derniers désordres chinois et secourir leurs représentants à Pékin. Il est parfaitement clair que ces cinq nations pourraient supprimer la guerre. Supposez même que trois d'entre elles aient formé une ligue pour la paix — invitant toutes les autres nations à s'y joindre — et aient fait la convention suivante : puisque la guerre, dans quelque partie que ce soit du monde civilisé, atteint toutes les nations, souvent très gravement, aucune nation ne fera la guerre, mais toutes porteront les différends internationaux devant la Conférence de La Haye ou un autre tribunal d'arbitrage pour qu'ils soient arrangés pacifiquement et la Ligue décide de rompre toute relation avec celle des nations qui se refuserait à cette règle. Imaginez aujourd'hui une nation retranchée du monde ! La Ligue pourrait aussi se réserver le droit, quand la rupture des relations ne suffirait pas ou n'aurait pas suffi à prévenir la guerre, d'employer la contrainte nécessaire pour maintenir la paix, chaque membre de la Ligue promettant de donner les troupes nécessaires ou une contribution financière équivalente en proportion de sa population et de sa richesse.

Comme il s'agit ici d'une expérience, il peut sembler bon, s'il est nécessaire, de convenir d'abord que tout membre pourrait se retirer après avoir prévenu cinq ans d'avance et que la Ligue se dissoudrait cinq ans après que la majorité de ses membres l'aurait demandé par un vote. Il se peut que d'autres dispositions et peut-être quelques amendements soient trouvés nécessaires, mais l'idée fondamentale reste ce que nous avons dit.

L'empereur de Russie a convoqué la Conférence de La Haye qui nous a donné un tribunal international. Si le roi Edouard ou l'empereur d'Allemagne, ou le Président de la République française, agissant au nom de leurs gouvernements, invitaient les nations à envoyer des représentants pour examiner s'il ne serait pas sage de former une telle ligue, on répondrait sans doute à l'invitation et elle serait probablement suivie d'un succès.

Le nombre de ceux qui seraient heureux de se joindre à une telle ligue serait grand, car les petites nations profiteraient avec plaisir de cette occasion.

Les relations entre l'Angleterre, la France et les États-Unis sont aujourd'hui si étroites, leurs aspirations si semblables, leurs territoires et leur champ d'action si clairement définis et si différents que ces puissances sont bien faites pour s'entendre et inviter les autres nations à étudier un projet comme celui qui vient d'être esquissé. C'est une question bien digne de l'attention de leurs gouvernants, car, de tous les moyens de hâter la fin de la guerre, celui-ci paraît le plus aisé et le meilleur. Nous n'avons pas de raison de douter que l'arbitrage, sous la forme facultative d'aujourd'hui, continuera ses progrès rapides et qu'il contient en lui-même les éléments nécessaires pour nous faire aboutir à la paix, car il est vainqueur partout où on l'essaie, mais il n'en est pas moins agréable de savoir que nous avons en réserve un genre d'arguments énergiques qui, s'il était nécessaire, arrêterait promptement la guerre.

Malgré tous les signes réconfortants du développement de l'arbitrage, nous nous duperions nous-mêmes si nous croyions que la guerre va cesser immédiatement, car c'est à peine s'il faut espérer qu'il n'y aura pas plus d'un grand holocauste humain dans l'avenir avant que le règne de la paix répande ses bénédictions sur la terre. On peut s'attendre à voir les scories de la masse couvant sous la cendre du terrible passé, les semences jetées par les grandes guerres reparaître à des intervalles de plus en plus éloignés jusqu'à ce que le poison du passé soit épuisé. Nous ne sommes pas assez optimistes pour imaginer que la paix ne sera jamais violée, pendant que nous marcherons vers ce but. Nous sommes préparés à plus d'une explosion de folie et de sauvagerie dans l'avenir comme il y en a eu dans le passé ; mais, que la paix viendra enfin bientôt, beaucoup plus tôt que la majorité de mes auditeurs ne peut probablement le croire, pour moi, cela ne fait pas l'ombre d'un doute. Nous entendons dire parfois, pour défendre la guerre, qu'elle développe la vertu virile du courage physique, ce que quelques animaux et quelques sauvages d'espèce inférieure possèdent au plus haut degré. Suivant cette idée, plus un homme ressemble à un bouledogue, plus il serait développé comme homme. Les Zoulous armés de zagaies se jettent sur des fusils à répétition, non parce qu'ils sont particulièrement doués de vrai courage, mais parce qu'ils manquent de sens commun. Une période d'étude ou même moins à l'Université de Saint-André les guérirait de leur folie. A notre époque scientifique plus qu'à toutes celles qui l'ont précédée, la prudence est de bien loin le meilleur élément de la valeur. Des officiers et des soldats, par excès de bravoure, s'exposent sans nécessité et meurent pour le pays qu'ils auraient mieux servi en protégeant leurs vies et en les gardant pour le servir. Le courage physique est beaucoup trop répandu pour qu'on en fasse un cas tout spécial. Les Japonais, les Russes, les Turcs, les Zoulous et les Atchinois sont également fameux pour leur courage. Ce courage s'allie souvent avec une faiblesse morale. « Hostpur » est un héros du courage idéal physique quand il s'écrie :

Par le ciel, il me semble que le saut serait facile,
Pour arracher l'honneur brillant de la face pâle de la lune
Ou pour plonger au sein des profondeurs
Où les sondes ne touchent jamais le fond
Et aller y saisir par les cheveux l'honneur englouti
Si son sauveteur pouvait ensuite se parer
Sans contestation de tous ses avantages.

Paon vaniteux qui récolte la gloire et se pavane étincelant de décorations, il ne se soucie pas d'accomplir une œuvre. Tout est pour lui, rien pour la cause, rien pour la patrie.

Achille boudant dans sa tente, irrité par une question de butin et priant les dieux de faire battre ses compatriotes est un autre exemple du héros militaire au courage physique.

Heureusement nos hommes d'armes modernes sont généralement d'un type différent. Ce n'est pas l'individu qui se conforme à l'idéal de son époque qu'il faut condamner, c'est l'idéal inférieur de l'époque. Les hommes ne doivent être jugés que par rapport à l'idéal de leur époque, et, bien que l'idéal d'aujourd'hui soit vraiment peu élevé, les hommes qui s'y conforment ne doivent pas être blâmés.

Si vous voulez vous sentir élevés et inspirés par le culte célébré devant le tabernacle de la plus noble et de la plus rare vertu, le courage moral, placez-vous devant le monument des Martyrs qui est là-bas. Les Martyrs ne tenaient en rien à la gloire terrestre, à l'honneur et aux récompenses; leur devoir était de soutenir une noble cause et pour elle, et non point pour l'exaltation de leur propre personne, ils marchaient à la mort en chantant, à travers les flammes et les bûchers.

On constate une très encourageante indication de progrès dans notre race ; elle montre, il faut l'espérer, l'influence sur les masses de l'éducation qui éveille en elles des idées plus claires de la responsabilité de leurs actions. L'attention du Parlement a été appelée récemment sur la difficulté de trouver des recrues pour l'armée. Il ne manque pas moins de 25 pour 100 des officiers nécessaires dans les forces auxiliaires (volontaires et milices), c'est-à-dire un quart du total. La milice a 32.000 hommes de moins qu'auparavant. L'armée régulière a un déficit de 242 officiers et l'armée anglaise des Indes un déficit de 12.000 recrues britanniques. Le Gouvernement déclare que c'est « le problème le plus sérieux qui se pose devant les autorités militaires. » Quelques-unes des plus hautes autorités militaires ne voient de remède final que dans la conscription. Je me réjouis de vous apprendre que vos parents d'au-delà les mers en Amérique ont à résoudre le même problème pour leur marine. L'armée des

États-Unis qui est si petite ne s'en ressent pas encore. Mais tous les vaisseaux de guerre ne peuvent être armés — il manque pour cela 3.500 hommes. De cette insuffisance des recrues nous avons le droit de conclure que, dans notre race, il n'y a plus de tendance générale à entrer dans la carrière militaire. Ce fait a une signification particulière, car nous savons que l'augmentation de la solde n'augmenterait pas beaucoup le recrutement, vu que les hommes viennent presque tous d'une certaine classe de la société. Nous apprenons qu'une difficulté semblable se présente dans une autre profession, je veux dire qu'on manque d'hommes jeunes, instruits, consciencieux, pour se faire pasteurs, probablement à cause des doctrines théologiques auxquelles on leur demande de souscrire. Les deux branches de l'Église d'Écosse ont essayé de résoudre ce problème en posant des conditions moins difficiles.

Peut-être, dans les bibliothèques publiques, ces jeunes gens ont-ils pris des livres de Carlyle et ont-ils lu comment il décrit les artisans de l'Angleterre et de la France : « Trente hommes font face à trente hommes, chacun avec un fusil dans la main. Dès que l'on commande ; « Feu ! », ils se cassent la tête les uns des autres et, au lieu de soixante travailleurs utiles et actifs, le monde a soixante cadavres qu'il doit enterrer et sur lesquels on doit verser des larmes. Ces hommes avaient-ils quelque querelle entre eux ? Pas la moindre, quelque soin qu'y mette le diable. Ils vivaient assez loin les uns des autres, étaient entièrement étrangers et même, dans un univers si grand, inconsciemment, par le commerce, ils se portaient une aide mutuelle les uns aux autres. Et maintenant, ô naïfs ! leurs chefs se sont brouillés, et, au lieu de tirer l'un sur l'autre, ils ont eu la malice de faire tuer ces pauvres nigauds. »

Ceux qui déclinent les propositions du sergent recruteur sont peut-être tombés sur le discours du professeur Mac Michaël au Congrès de la paix à Édimbourg, en 1853, où il est dit : « La profession militaire ne s'accorde pas avec le christianisme. Plus le rang est élevé, plus l'intelligence est grande, plus le crime est profond. Voici un individu à qui Dieu a donné le don rare du génie mathématique. Si ce don est bien dirigé, quelle source abondante de profit pour l'humanité ! Il peut être employé à construire des chemins de fer par lesquels les parties les plus distantes du monde sont mises en communication les unes avec les autres. Il peut être employé à lancer l'éclair vibrant le long des fils électriques pour en faire l'intermédiaire entre les cœurs qui s'aiment à des milliers de kilomètres de distance, ou accroître la puissance merveilleuse de la machine à vapeur qui soulage l'homme de son labeur épuisant ; ou à faire marcher la presse à imprimer pour envoyer la lumière et la science aux plus lointaines extrémités de la terre. Il peut être employé à dessécher des marais, à amener l'eau dans nos cités, à donner aux hommes plus de santé et de bonheur. Il peut tracer des règles du ciel étoilé, par lesquelles le marin est guidé à travers les sauvages solitudes des eaux, dans la nuit la plus noire. Combien noble est la science ainsi dirigée et, réciproquement, comme elle est avilie quand elle est employée à la destruction des hommes ! C'est comme si un chimiste employait sa science non à guérir les maux dont souffre l'humanité, mais à empoisonner les sources de l'existence. Le savant guerrier cultive ses aptitudes, dans quel but ? Pour déterminer le point précis où ses batteries peuvent vomir leur feu, de manière à détruire le plus de richesses et de vies humaines, pour calculer précisément l'angle et la force suivant laquelle ces obus peuvent être lancés pour tomber sur ce point particulier qui est couvert d'hommes et, y faisant explosion, répandre la mort. Grand Dieu ! ai-je le droit d'employer mes facultés à cette œuvre infernale ? »

C'est de Dumferline que viennent ces paroles de si grande importance. Je les ai découvertes récemment et je me suis réjoui, car étant enfant, j'ai vu souvent l'homme qui a écrit ces mots.

L'opinion de Wicleft peut avoir arrêté l'attention des jeunes gens. « Quel honneur échoit à un chevalier qui tue plusieurs hommes ? Le bourreau en tue beaucoup plus et sous un nom mieux approprié. Il vaudrait mieux pour les hommes être bouchers d'animaux que bouchers de leurs frères. »

Ou, encore, les lamentations de John Wesley peuvent avoir touché profondément le cœur des hommes qui auraient pu s'engager comme soldats : « Vous pouvez épancher votre âme et déplorer la perte du vrai et pur amour sur la terre. Il est perdu en vérité ! Ces royaumes chrétiens s'arrachent les entrailles les uns aux autres, répandent la désolation, par le feu et par l'épée ! Ces armées chrétiennes s'envoient les unes les autres, par milliers, par dizaine de milliers, tout droit dans l'enfer ! »

C'est peut-être par d'éminents soldats que les jeunes gens ont reçu les avis les plus décourageants sur la profession des armes. Napoléon la déclare un métier de barbares. Wellington écrit à lord Shaftesbury ; « La guerre est une chose très détestable. Si vous aviez vu seulement un jour de guerre, vous prieriez Dieu de n'en jamais voir un autre. » Le général Grant, à qui le duc de Cambridge offrait une revue militaire, refusa, disant qu'il désirait ne jamais revoir un régiment de soldats. Le général Sherman écrit qu'il est « fatigué et malade de la guerre. Sa gloire n'est qu'un rayon de lune. Ce sont seulement ceux qui n'ont jamais tiré un coup de fusil ou entendu les cris et les lamentations des blessés qui réclament plus de sang, plus de vengeance et plus de désolation. La guerre est l'enfer. »

Peut-être quelques-uns ont médité sur l'opinion de Sir John Sinclair que « la profession de soldat est une profession maudite. »

Si l'on veut des soldats professionnels, c'est tout d'abord pour attaquer ; il est clair que s'il n'y avait personne pour attaquer, il n'y aurait besoin de personne pour se défendre. Le volontaire qui s'arme seulement pour être en état de défendre son foyer et son pays se place dans des conditions très différentes de celui qui s'enrôle sans condition pour faire profession de la guerre et qui s'engage à marcher et à tuer ses frères s'il en reçoit l'ordre. La défense du foyer et de la patrie peut devenir nécessaire, quoique aucun homme en Angleterre ou en Amérique n'ait jamais vu d'invasion ou ne doive vraisemblablement en voir. Ici, toutefois, les éléments du patriotisme et du devoir entrent en action. Que le devoir de tout homme soit de défendre son foyer et sa patrie, cela va sans dire. *Nous ne devons jamais oublier, néanmoins, que ce qui fait à l'homme un devoir sacré de défendre son foyer lui fait aussi un devoir sacré de ne pas envahir la patrie et le foyer des autres,* vérité qui, jusqu'à présent, n'a guère été présente aux esprits. C'est grand dommage, car, à notre époque, c'est au pacifique réfléchi qu'incombe le devoir de rappeler ces vérités. La carrière professionnelle est une question de contrat et de salaire. Aucun devoir n'oblige l'homme à adopter la profession navale ou militaire et à s'engager à marcher pour tuer d'autres hommes où et quand on le lui commande, sans égard sur le bien ou le mal fondé de la querelle. C'est un grave engagement, car il implique comme nous le voyons, nous qui réfléchissons, un complet abandon de la faculté la plus précieuse pour l'homme, le droit de se juger lui-même et de faire appel à sa conscience. Jay, le père du premier traité entre l'Angleterre et l'Amérique, n'a pas manqué de montrer que « notre pays, à tort ou à raison, est en rébellion contre Dieu et trahit la cause de la liberté civile et religieuse, de la justice et de l'humanité. » A mesure que l'homme arrive à la véritable intelligence, il conçoit de plus en plus, nous pouvons l'espérer, qu'il est responsable devant lui-même du choix qu'il fait d'un métier et que ni Pape, ni prêtre, ni roi, ne peuvent le dégager de cette responsabilité.

C'était bon pour la troupe ignorante, illettrée, qui s'offrait au service du roi Henri d'affirmer : « Maintenant, si ces hommes ne meurent pas bien, ce sera une mauvaise affaire pour le roi qui les a conduits à la mort ; désobéir au roi serait violer toutes les obligations d'un sujet. » Le maître d'école s'est mis en campagne depuis ce temps. Le droit divin du roi a fait son temps. Les peuples parlant anglais font et défont leurs rois maintenant, rejettent l'infaillibilité du pape ou du prêtre et dans les cas graves, s'aventurent parfois à discuter avec leurs propres ministres. Le « juge intérieur » commence à gouverner. Qu'un jeune homme se décide à consacrer ses forces à se faire un instrument de destruction ou à sauver et à servir ses frères, c'est à lui-même de le décider après mûre considération.

Pour parer au manque d'officiers, le gouvernement a déclaré qu'il étudiait les moyens de chercher le supplément nécessaire dans les Universités et qu'on pourrait prendre des mesures pour encourager l'étude de la guerre en vue de préparer des soldats ; mais si les étudiants sont trop avancés moralement pour s'engager à prêcher des « croyances disparues » — justement attentifs à écouter le « juge intérieur », leur propre conscience, — les Universités seront probablement un pauvre terrain pour former des hommes appelés à prendre l'engagement de marcher et de tuer leurs semblables sur l'ordre d'un autre. Le jour de l'humiliation sera venu pour les Universités, quand les titulaires de leurs grades, auxquels on a donné, avec le plus grand soin, la plus haute et la meilleure éducation ne se trouveront, à la fin, bons à rien, si ce n'est à devenir chair à canon. Il me semble que j'entends la réponse du fils de Saint-André au sergent recruteur : « Ton serviteur est-il un chien pour faire une semblable besogne ? »

A un point de vue, le manque d'officiers et de recrues en Angleterre et en Amérique où les hommes sont libres de choisir, le refus des étudiants des Universités de se lier par un engagement en entrant dans la carrière ecclésiastique, est un grand sujet de joie, car c'est la preuve d'un sentiment plus aiguisé de la responsabilité personnelle, d'un plus fort appel à la conscience, « le juge intérieur », de l'existence de natures plus tendres et plus sympathiques, d'un plus haut idéal de l'action humaine et enfin de l'apparition d'un type d'humanité plus élevé.

Si la guerre oblige ses mercenaires à l'abandon de tous ces avantages, il vaut beaucoup mieux adopter l'autre alternative et laisser l'Angleterre et l'Amérique dépendre du patriotisme des citoyens pour la défense de la patrie si elle est attaquée, et je crois fermement que leurs citoyens seront toujours à la hauteur de leur devoir. Le colonel Henderson, dans sa « Science de la guerre », déclare que « les volontaires américains étaient supérieurs aux armées de conscrits de l'Europe, que la moralité des armées de conscrits a toujours été leur point faible. La moralité des volontaires est d'un niveau plus élevé. » C'est la raison même.

Si jamais l'Angleterre était envahie, toute la population mâle capable de marcher partirait volontairement et de plusieurs parties du monde, des milliers d'hommes accourraient à la défense de la vieille patrie. Ceux qui envahiraient le pays de Shakespeare et de Burns trouveraient en face d'eux des forces inattendues. Tous les cœurs et toutes les consciences s'uniraient dans cette action. « Il est trois fois armé celui qui a la justice de son côté. »

Étudiants de Saint-André, j'ai fait mes efforts pour vous donner une idée juste du mouvement qui agite maintenant le monde pour l'abolition de la guerre et de ce qui a déjà été accompli. Ce mouvement n'a jamais été aussi vigoureux et, à aucune étape de la campagne, ses triomphes n'ont été si nombreux et si importants que dans ces dernières années, en commençant par la Conférence de La Haye, qui en elle-même marque une époque. La première pierre du monument futur fut alors posée. L'engagement sans réserve pris par quatre nations de soumettre leurs différends futurs à l'arbitrage, les traités entre Suède et Norvège marquent une autre étape. Ainsi du moins le monde civilisé s'avance fermement vers le règne de la paix par l'arbitrage.

La question de savoir quel est votre devoir, comment vous pouvez le mieux coopérer à cette œuvre sacrée et hâter la fin de la guerre, s'est certainement posée dans votre esprit. Votre conscience vous dit de prendre ces mots de Washington pour devise : « Mon premier vœu est de voir la guerre, cette plaie de l'humanité, bannie de la terre. » Les ligues pour la paix peuvent être formées à travers le monde, avec ces paroles comme devise et base de leur action. On demandera comment nous réaliserons ce pieux désir de Washington ? Voici la réponse. Toutes les fois que s'élève une dispute internationale, quel que soit le parti au pouvoir, demandez immédiatement que votre gouvernement offre de porter le différend devant des arbitres et, s'il est nécessaire, rompez avec votre parti. La paix est au-dessus des partis. Si l'adversaire a prévenu votre gouvernement en proposant l'arbitrage et, j'espère, pour l'honneur de notre race, que cela n'arrivera jamais, insistez alors pour que l'on accepte et n'écoutez rien jusqu'à ce que ce soit fait. Arrêtez toutes les autres questions publiques, concentrez tous vos efforts sur cette seule question qui porte dans son sein la paix ou la guerre. Laissez de côté votre politique jusqu'à ce que la menace de guerre soit écartée. C'est le moment d'agir. Et que doivent faire les ministres des Églises ? Toute autre chose que dans le passé. Ils doivent cesser de chercher un asile pendant la tempête, de s'abriter derrière la lecture des formules usuelles relatives à la vie future envers laquelle les hommes de la vie présente n'ont pas de devoirs, quand la nation est suspendue à la solution d'un problème moral décisif et que son gouvernement, s'arrogeant le droit de siéger comme juge dans sa propre cause, est sur le point d'entraîner la nation à une guerre impie — car il faut dire impie — si un arrangement pacifique offert par l'adversaire est refusé. Le refus de l'arbitrage, même pour une cause bonne, rend la guerre impie ; une offre d'arbitrage prête de la dignité et de l'importance à une guerre douteuse. Même si vos efforts ne réussissent pas et que votre pays, refusant l'appel à l'arbitrage judiciaire, se précipite dans la guerre, votre devoir ne prend pas fin. Calmement résolus dans votre attachement à vos convictions, les exposant quand on vous le demande, mais sans violence,

vous attendez le résultat qui ne peut manquer
de prouver que ceux qui sont pour l'arbitrage
pacifique choisissent la bonne voie et ont été
les sages conseillers de leur pays. C'est un
sujet de tristesse qu'en regardant en arrière,
les nations doivent généralement confesser
que leurs guerres ont été des sottises, ce qui
signifie qu'elles ont commis des crimes.

Et les femmes de ce pays, les étudiantes de
Saint-André, que doivent-elles faire ? Ne pas
attendre, comme d'habitude, que la guerre ait
commencé, et alors, émues dans leurs sentiments, organiser d'innombrables sociétés
pour fabriquer et envoyer les objets de
nécessité et même de luxe à l'armée, ou
s'engager dans les sociétés de la Croix-Rouge
et aller elles-mêmes, sur le champ de bataille,
soigner les blessés pour qu'ils soient plus vite
prêts à retourner à l'armée pour blesser
d'autres hommes ou être blessés, pour tuer
ou être tués. Les tendres cordes de la
sympathie pour les blessés qui sont la grâce
des femmes et qu'on émeut si facilement
méritent de nous rester toujours chères, mais
on peut suggérer que si leurs voix unies
s'élevaient pour s'opposer résolument à la

guerre avant la déclaration, pour réclamer qu'on demande l'arbitrage ou pour protester vigoureusement si on le refusait, un jour d'effort produirait alors plus d'effet que des mois d'efforts après que la guerre aurait éclaté.

Il est certain que si tous les braves gens de tous les partis et de toutes les religions, mettant de côté toutes les autres questions politiques quand la question de la guerre s'élève, demandaient l'arbitrage, aucun Gouvernement n'oserait refuser. Dans chaque cas critique, ils ont le pouvoir de sauver leur pays de la guerre et d'empêcher que la paix soit rompue.

Si, dans chaque collège électoral, une ligue d'arbitrage était organisée, composée des membres qui s'accordent à demander que, dans les différends internationaux, l'arbitrage soit ou bien proposé ou bien accepté par le gouvernement s'il est proposé par l'adversaire, qui s'engagent à voter pour ou contre les partis politiques suivant leur manière d'agir sur ce point, on serait étonné de voir avec quelle rapidité tous ces partis mettraient l'arbitrage dans leur programme. Je ne connais pas d'œuvre qui serait plus féconde pour votre pays et pour le monde. C'est en concentrant ses forces sur un seul point que l'on triomphe dans les grandes causes.

Dans cette œuvre sainte de campagne pour l'arbitrage, nous pouvons compter avec certitude que les étudiantes et les étudiants de Saint-André, ceux de toutes les Universités et des autres établissements d'instruction, les membres de toutes les Eglises et de toutes les professions libérales s'uniront et joueront un rôle capital. J'ai cité les paroles de Washington au commencement de cette allocution. Permettez-moi de terminer en citant les mots de Lincoln. Etant jeune homme, employé sur un bateau marchand, il fit un voyage de quelques semaines sur le Mississipi. Il visita un marché d'esclaves, où les hommes, les femmes, les enfants n'étaient pas égorgés, comme autrefois dans les guerres, mais séparés et vendus aux enchères. Un de ses compagnons raconte que, après être resté debout quelques temps, Lincoln tourna le dos, fit quelques pas sans rien dire. Puis, élevant son poing fermé, il rompit le silence et dit : « Si jamais j'en ai l'occasion, j'écraserai cette

institution maudite. » Plusieurs années passèrent, durant lesquelles il ne cessa jamais de
lutter avec acharnement contre l'esclavage
et ses défenseurs. C'était pour lui l'effort qui
dominait tous les autres. Il fut fidèle à sa
résolution toute sa vie et le cours des évènements lui donna enfin l'occasion de la mettre
en pratique. Ce pauvre petit marinier devint
président des Etats-Unis et eut le privilège
d'émanciper d'un coup de plume les derniers
esclaves du monde civilisé, qui étaient au
nombre de quatre millions.

Il est resté fidèle à ses principes, il nous
a donné l'exemple à suivre, à nous tous
hommes de ce temps, qui conservons encore
la guerre dans toute son énormité et qui,
pour la plupart, en sommes, plus ou moins,
responsables parce que nous n'avons pas
encore, jusqu'à présent, mis la guerre au-
dessus de tous les autres maux et que nous
n'avons pas encore concentré suffisamment
nos efforts pour travailler à son extinction.
Prenons la même résolution que Lincoln et
posons-nous en adversaire du meurtre des
hommes comme il le fit pour la vente des
hommes. Comme lui, subordonnons toutes

les questions politiques à cette unique question qui domine les autres et, comme lui, montrons-nous, dans toutes les occasions qui conviennent, les champions de notre cause. Comme lui, restons fidèles à notre foi et de même que le moment vint pour lui, il viendra aussi pour nous et, de même aussi, frappons à coups redoublés sur la guerre maudite jusqu'à ce que nous en débarrassions le monde civilisé comme il fit pour l'esclavage.

POUR L'ARBITRAGE

iscours a été publié en Anglais :

Andrew (Écosse), par le *Comité de l'Université*.
(États-Unis), par l'*International Union Ginn et C*[ie]

*été traduit et paraît simultanément sous la
direction de MM.*

œrster, en allemand   Westend-Berlin.
st, en allemand......   **Léopold Voos**, édit., Hambourg.
randes, en danois...   éditeur, Copenhague.
alante, en espagnol.   **V. Ch. Bouret**, éditeur, Paris et
                       Mexico.
tin, en français......   **Delagrave**, éditeur, Paris.
des, en grec......   **M. C. Elefteroudakis**, édit., Athènes.
rt, en hollandais....   **Couvée**, éditeur, La Haye.
ombroso, en italien.   **Renzo Steglio**, éditeur, Turin.
en norvégien........   **Aschehoug**, éditeur, Christiana.
aïva, en portugais..   **H. Garnier**, éditeur, Paris et
                       Rio-Janeiro.
n russe ....   **C**[ie] **d'impressions de la Russie**
                       méridionale, éditeur, Odessa.
t, en suédois.......   **Hugo Geber**, édit., Stockholm.
Moch, en espéranto   Paris.

En préparation :
n Hongroise ;
Japonaise ;
Polonaise.
Chinoise.
Persane.

Collection de la Conciliation Internationale

1. **Notice biographique.**
2. **Le péril prochain. L'Europe et ses rivaux.**
3. **Concurrence et chômage.**
4. **Le Péril Jaune.**
5. **Contre la représentation coloniale.**
6. **Contre la pornographie.**
7. **Pour l'Agriculture.**
8. **Pour les Transports.**
9. **Pour la Loire navigable.**
10. **Lettres de La Haye.**
11. **Les résultats de la Conférence de La Haye.**
12. **Les Intérêts Nationaux.**
13. **L'Alsace-Lorraine.**
14. **Le Transvaal et l'Europe divisée.**
15. **Vers la Fédération Européenne.**
16. **Programme du Groupe de l'Arbitrage.**
17. **Discours de Buda-Pesth.**
18. **Discours de Chicago.**
19. **Discours de Londres.**
20. **Lettres d'Amérique.**
21. **Le rapprochement franco-anglais.**
22. **Le Mouvement Pacifique.**
23. **Être utile.**
24. **La Conciliation Internationale.**
25. **La réception des Scandinaves.**
26. **L'organisation de la Paix** (*).
27. **La politique des temps nouveaux** (*) (Discours et articles)(1)
28. **Le Mensonge du Pacifisme.**
    Réponses à l'article de M. F. BRUNETIÈRE.
29. **Pour la limitation des Dépenses Navales.**
    Traduction allemande par M. FRIED. (Berlin, Vienne, Leipzig)
    Traductions anglaises par M. TRUEBLOOD (Boston) et par Mc LANE (Londres).
30. **La France pourrait-elle s'entendre avec l'Allemagne.**
31. **Les deux politiques.**
32. **Le problème de la paix.**
33. **Pour l'Arbitrage.** (Traduit et publié en 12 langues).

[illegible] **Rapport à la Confé-**